맛있는 요리책 Cook&Cook 시리즈 Vol.9

"나물로
만드는
반찬&요리"

맛있는 요리책 Cook&Cook 시리즈 Vol.9

"나물로 만드는 반찬&요리"

초판 발행 2015년 05월 20일
발행인 김진용 / 발행처 (주)지원출판
편집 이슬비 / 제작책임 윤미경 / 마케팅 책임 이홍연
콘텐츠 제공 29MEDIA

도서, 마케팅 문의 전화 031-941-4474 / 팩스 0303-0942-4474
주소 경기도 파주시 탄현면 웅지로 110번길 71 / 등록번호 406-2008-000040호
홈페이지 www.jiwonbook.com

CONTENTS

나 물 이 야 기 | **1** 나 물 은 …

싸고 구하기 쉽지만, 영양은 으뜸!

**먹으면서 다이어트 할 수 있고 건강에도 그만인 나물!
통통 튀는 신선함으로 입안에 생기를 가득 불어넣어요**

먹으면서 다이어트 할 수 있어 좋고, 건강에도 좋은 나물 요리는 즐기면 즐길수록 생기와 신선함이 넘쳐흐르는 매력적인 음식이다. 채소는 우리 몸이 필요로 하는 영양소를 공급해 주는 매우 중요한 식품이다. 특히 우리나라는 채소를 말려 나물을 만들고 그 나물로 무침을 해 겨우내 필요한 영양분을 섭취할 수 있었다. 나물 속에는 탄수화물·단백질·지방 등의 성분은 거의 들어 있지 않고, 물·비타민·무기질 등의 성분이 들어 있다. 계절별로 나누어도 나물에 들어 있는 성분은 양적인 면에서 조금 다를 뿐 성분 종류는 거의 같다. 최근에는 섬유소도 제5의 영양소로 취급되는데, 섬유소가 가장 많이 들어 있는 것이 나물이라 할 수 있다. 특히 겨울철의 말린 나물은 수분이 극히 적은 반면, 섬유소가 가장 많은 부분을 차지한다. 봄나물은 비타민과 무기질이 많아 봄에 필요한 영양소를 보충해 주고, 맛이 신선하여 잃었던 미각을 되찾게 해준다. 특히 봄나물에 많이 함유된 엽록소는 혈액과 간의 콜레스테롤 상승을 억제하고 신진대사 기능을 촉진시켜 준다.

무 ··· 무는 수분이 약 90~92%이며, 비타민 C는 육질보다 껍질에 많이 있다. 무청에는 비타민 C와 철분, 식이섬유소가 함유되어 있다. 무의 냄새는 메틸 메르캅탄 성분에 의한 것이고, 매운맛은 알릴 화합물에 의한 것이다. 녹말 분해효소인 디아스타아제가 함유되어 있어 체했을 때 효과를 볼 수 있다.

오이 ··· 비타민 A와 C를 함유하고 있다. 오이에 함유된 칼륨은 과잉의 염분을 체외로 배출시키는 작용과 이뇨 작용을 촉진해 신장병 환자나 고혈압 환자에게 좋다. 목이 마르고 아플 때, 더위를 먹었을 때 먹으면 좋다.

시금치 ··· 비타민 A, B₁, B₂, C가 다량 함유되어 있으며 칼슘, 철분도 풍부하다. 특히 채소 중에서 비타민 A가 가장 많이 함유되어 있다. 단백질이 3%나 함유되어 있고 곡류에 결핍되기 쉬운 라이신과 트립토판, 시스테인이 다량 함유되어 있다. 술독 제거 효과가 있으며, 피부를 윤기 있고 건강하게 해준다.

콩나물 ··· 주성분이 비타민 B₁, B₂, C, 단백질, 무기질 등이며, 특히 발아와 함께 비타민 C가 급격히 증가하므로 비타민 C의 공급원으로 꼽힌다.

미나리 ··· 칼슘, 칼륨과 비타민 A와 C 등이 다량 함유되어 있다. 한방에서는 몸의 열을 없애고 갈증을 해소하며 배설을 도와 간 기능이 좋아지게 하는 역할을 한다고 한다. 특유의 향과 씹는 맛으로 식욕을 돋운다.

도라지 ··· 당분과 섬유질, 칼슘과 철분이 많은 우수한 알칼리성 식품이다. 호흡기 계통의 질환에 좋고, 특히 거담 효과가 있는 것으로 알려져 있다. 하지만 독성이 있어 한꺼번에 많이 먹으면 좋지 않다. 진해 · 해열 · 천식 · 폐결핵 등에도 효험이 있다고 한다.

피망 ··· 성질이 고추와 유사하여 추위를 없애고 소화기관을 강화시켜 주므로 소화력이 떨어지고 밥맛이 없는 사람에게 적당하다. 또한 피부 점막을 강화시켜 주고 혈관 내에 지방의 침착을 방해하여 동맥경화와 고혈압에 효과가 있는 것으로 알려져 있다.

가지 ··· 가지는 영양가는 높지 않으나 열을 내리고 혈액 순환을 좋게 하는 효능이 있다. 또 통증을 멈추게 하고 부기가 빠지게 하는 효과도 있다. 이밖에 혈액의 콜레스테롤 함량을 낮추고 이뇨 작용도 돕는다.

호박 ··· 야맹증, 거칠어진 피부, 점막의 저항력 약화 등에 유효하다. 호박의 당분은 소화흡수가 잘 되므로 회복기의 환자에게 적합하다. 또한 호박씨에는 레시틴이 함유되어 두뇌 발달을 촉진시키며, 필수 지방산인 리놀레산은 고혈압 예방과 노화 방지에 효과가 있는 것으로 알려져 있다. 호박 속의 카로티노이드는 항산화작용을 하며, 트립신 인히비터는 장내 바이러스와 발암물질의 활성을 억제하는 역할을 한다.

고사리 ··· 삶은 고사리에는 비타민 B₁을 분해하는 아네우리나아제라는 효소가 들어 있으므로 비타민 B₁이 많이 함유된 식품과 함께 먹는 것이 좋다.

숙주 ··· 숙주는 녹두를 물에 불려 싹을 틔워 기른 나물로 녹두에 비해 비타민 C가 40배, 비타민 A가 2배, 비타민 B가 30배 이상 증가하게 된다. 녹두에서 숙주나물이 되는 과정 중에 단백질이 분해되어 아르기닌과 아스파라긴산 등의 양이 많아지고, 당질의 양은 줄어들게 된다. 숙주에는 비타민 B₆가 많이 함유되어 있는데, 이는 단백질 대사에 관여하는 비타민으로 면역 기능을 활성화시켜 주는 작용을 한다.

숙주나물깨마요네즈무침 _ 4인분

재료와 분량

숙주나물 200g
닭고기 가슴살 4장
청주 1큰술
대파 5cm
실파 3줄기
통깨 · 검은 깨 약간씩

마요네즈소스

마요네즈 1큰술
깨소금 1큰술
참기름 1/2큰술
소금 · 후춧가루 약간씩
간장 1/2작은술

이렇게 만들어요

1 숙주나물은 꼬리를 떼어내고 끓는 물에 소금을 넣고 삶은 다음 건져서
물기를 뺀다.

2 닭고기는 청주를 부어서 재어두었다가 끓는 물에 대파를 넣고 삶는다.

3 실파는 3cm 길이로 썬다.

4 볼에 분량의 재료를 넣어서 고루 섞어 마요네즈소스를 만든다.

5 볼에 닭고기와 숙주나물을 담은 다음 ④의 소스를 넣어 잘 버무린다.
그릇에 담아 통깨와 검은 깨를 뿌려서 낸다.

Cooking Tip

기름기가 없고 맛이 담백한 닭가슴살을
준비하여 분량의 청주에 재어두었다가 끓
는 물에 대파를 넣고 삶아 조리한다. 뜨거
운 기운이 가시면 먹기 좋게 손으로 찢어
숙주나물과 함께 마요네즈소스에 버무려
완성한다. 기름기가 없는 부위이므로 차게
해서 먹어도 좋다.

시금치양송이볶음 _ 4인분

재료와 분량

시금치 200g
양송이 10개
다진 마늘 1작은술
다진 생강 1/2작은술
물에 갠 녹말 1/2큰술
소금 · 후춧가루 약간씩

이렇게 만들어요

1 끓는 물에 소금을 넣고 시금치를 파랗게 데친 다음 찬물에 헹궈서 물기를 뺀다.

2 ①의 시금치를 3cm 길이로 썬다.

3 양송이는 껍질을 벗겨서 4등분한다.

4 프라이팬에 기름을 두른 후 다진 마늘과 다진 생강을 넣어서 잘 볶다가 향이 나면 양송이를 넣어서 잘 볶는다.

5 ④에 시금치를 넣어서 다시 잘 볶다가 물 1/4컵을 넣어서 끓인다. 여기에 물에 갠 녹말을 넣어서 잘 버무린다.

6 소금과 후춧가루를 넣어서 간을 한다.

Cooking Tip

양송이는 껍질을 벗겨놓으면 색이 변하는데, 이럴 때 레몬즙을 뿌려두면 색이 변하는 것을 방지할 수 있다.

호박눈썹나물 _ 4인분

재료와 분량
애호박 1개(100g), 소금 2작은술, 다진 파 1큰술
다진 마늘 2작은술, 깨소금 2작은술, 참기름 1큰술
새우젓국 1작은술, 실고추 약간

이렇게 만들어요
1 애호박은 굵기가 고르고 흠집 없는 것을 고른다.
2 호박 꼭지를 떼낸 후에 길이로 반 갈라서 속을 파낸다.
3 파낸 호박을 눈썹 모양으로 얇게 썬다.
4 ③을 소금에 절인 후 가볍게 물기를 짠다.
5 냄비에 기름을 두르고 ④를 살짝 볶는다.
6 볶으면서 다진 파, 다진 마늘과 깨소금을 약간 넣는다.
7 새우젓국으로 간을 맞춘다.
8 마지막으로 실고추를 적당한 길이로 잘라서 넣는다.

호박나물 _ 4인분

재료와 분량
애호박 1/2개, 당근 1/6개, 양파 1/4개
고춧가루 1/2큰술, 소금 약간, 깨소금 1작은술
참기름 1/2큰술, 다진 파 1큰술, 다진 마늘 1/2큰술
실고추, 식용유 약간

이렇게 만들어요
1 호박은 깨끗이 씻어서 어슷하게 썬다.
2 썬 호박은 소금에 살짝 절여 물기를 짠다.
3 당근과 양파는 굵직하게 채 썬다.
4 팬에 고춧가루, 호박, 당근, 양파를 넣고 볶다가 다진 파, 다진 마늘, 깨소금, 참기름, 소금을 넣고 함께 볶는다.
5 그릇에 담고 실고추를 얹는다.

콩나물돼지고기매운볶음 _ 4인분

재료와 분량

돼지고기 안심 150g
콩나물 200g
양파 1/2개
부추 20g
붉은 고추 1개
고춧가루 2큰술
국간장 1큰술
다진 마늘 1작은술
다진 파 1/2큰술
참기름 1/2큰술
소금 · 후춧가루 · 샐러드유 ·
깨소금 약간씩

돼지고기 양념

청주 1큰술
생강즙 1작은술
소금 · 후춧가루 약간씩

이렇게 만들어요

1 돼지고기는 5cm 길이로 썰어 고기 양념을 넣어서 재어둔다.

2 콩나물은 꼬리를 떼어내고, 깨끗하게 씻어서 건진 다음 물기를 뺀다.

3 양파는 채를 썰고 붉은 고추는 반 갈라서 씨를 턴 후에 채를 썬다.

4 부추는 4cm 길이로 썬다.

5 프라이팬에 기름을 두르고 양념한 돼지고기를 넣어서 잘 볶는다.

6 ⑤에 양파를 넣어서 볶다가 콩나물을 넣고 다시 잘 볶은 다음 뚜껑을 덮어서 익힌다.

7 ⑥의 콩나물이 익으면 고춧가루와 다진 마늘, 다진 파, 깨소금, 참기름, 간장을 넣고 볶는다. 소금으로 간하고, 마지막에 부추를 넣어서 살짝 볶은 후 접시에 담아 낸다.

Cooking Tip

꼬리를 떼어내고 깨끗하게 손질한 콩나물은 양파를 볶은 다음에 넣어 볶는다. 이때 뚜껑을 덮어 익혀야 콩나물 특유의 비린내가 나지 않는다. 콩나물이 익으면 나머지 양념과 소금으로 간한다.

무청된장무침 _ 4인분

재료와 분량

말린 무청 80g

ⓐ **양념**

된장 2큰술

다진 파 1큰술

다진 마늘 · 깨소금 · 참기름
1/2큰술씩

설탕 1/2작은술

이렇게 만들어요

1 무청은 물에 한나절 정도 불려놓는다.

2 넉넉하게 물을 담은 냄비에 ①을 넣고 푹 삶는다.

3 무청이 어느 정도 물러진 듯하면 불에서 내려 건진 뒤 찬물에 여러 번 물을 갈아가면서 헹군다(무청을 살짝 눌러보아 무르게 삶아졌으면 질기지 않다).

4 ③의 무청을 건져 물기를 충분히 뺀 다음 먹기 좋게 자른다.

5 볼에 ⓐ의 양념을 넣고 골고루 섞다가 잘라놓은 무청을 넣어 맛이 고루 배도록 무쳐 낸다.

미나리김무침 _ 4인분

재료와 분량
김 10장
쇠고기 다진 것 50g
미나리 100g
간장 · 참기름 약간씩

쇠고기 양념
간장 1/2큰술
설탕 · 다진 파 · 다진 마늘
1작은술씩
참기름 · 깨소금 1작은술
후춧가루 약간

이렇게 만들어요

1 쇠고기에 양념을 넣어 골고루 섞은 다음 재어놓는다.

2 김은 불에 살짝 구워 비닐봉지에 넣고 잘게 부순다.

3 미나리는 시든 잎을 다듬어 씻은 뒤 끓는 물에 소금을 넣어 파랗게 데친 다음 찬물에 헹궈 물기를 빼고 3cm 길이로 썬다.

4 프라이팬에 기름을 두른 뒤 재어놓았던 쇠고기를 넣고 볶는다.

5 볼에 부순 김과 쇠고기, 미나리를 넣고 간장과 참기름으로 간을 맞춰 살살 무쳐 낸다.

숙주나물야채 카레볶음 _ 4인분

재료와 분량

쇠고기 150g
숙주 200g
실파 · 당근 50g씩
다진 마늘 1작은술
청주 2큰술
샐러드유 · 간장 약간씩

ⓐ 양념

청주 · 간장 · 녹말가루 ·
물 1큰술씩

ⓑ 양념

카레가루 1/2큰술
소금 1/3작은술

이렇게 만들어요

1 쇠고기는 채 썰어 ⓐ 양념으로 간하고, 숙주는 손질하여 끓는 물에 데쳐 물기를 뺀다.

2 실파는 4cm 길이로 썰고, 당근도 같은 크기로 썰어 채 썬다.

3 프라이팬에 기름을 두른 뒤 마늘을 넣어 향을 낸 다음 간을 한 쇠고기를 넣어 잘 볶는다. 여기에 채 썬 당근도 함께 넣어 잘 볶는다.

4 ③에 ⓑ의 양념을 넣어 잘 섞은 뒤 청주와 숙주를 넣고 잘 볶는다.

5 ④에 실파를 넣고 다시 볶은 뒤 간이 부족하면 간장으로 간을 맞춘다.

시금치초고추장 나물

_ 4인분

재료와 분량

시금치 200g
양파 1/2개
대파 1대

초고추장

고추장 · 식초 1큰술씩
설탕 · 깨소금 1/2큰술씩
다진 마늘 1작은술
참기름 1작은술
레몬즙 약간

이렇게 만들어요

1 시금치를 깨끗하게 다듬어 씻은 뒤 소쿠리에 건져놓는다.

2 약간의 소금을 넣은 끓는 물에 ①의 시금치를 넣고 파랗게 데친 뒤 건져서 물기를 꼭 짜낸다.

3 양파는 껍질을 벗겨 반으로 자른 뒤 채로 썬다.

4 대파는 껍질을 벗겨 3cm 길이의 채로 썬 다음 물에 담가두었다가 건져 물기를 뺀다.

5 초고추장 양념을 골고루 섞어 초고추장을 만든 후 시금치와 양파, 대파를 넣고 조물조물 무쳐 낸다.

무생채 _ 4인분

재료와 분량
무 200g, 미나리 50g, 소금 · 고춧가루 1작은술씩
설탕 · 식초 2작은술씩, 다진 파 1큰술
다진 마늘 · 깨소금 · 참기름 1작은술씩,
실고추 · 통깨 약간씩

이렇게 만들어요

1 무는 깨끗하게 씻어서 껍질을 벗기고, 길이 6cm로 고르게 채 썬다.

2 미나리는 줄기를 깨끗하게 다듬어 씻고, 4cm 길이로 자른다.

3 무에 소금과 고춧가루를 넣어 적당히 빛깔을 낸다.

4 ③에 미나리를 넣은 다음 나머지 양념을 넣어 골고루 무친다.

5 접시에 담아 실고추와 통깨를 뿌려 낸다.

무숙채 _ 4인분

재료와 분량
무 400g, 소금 1½작은술, 다진 파 1/2큰술
다진 마늘 1작은술, 생강즙 1/2작은술
깨소금 1작은술, 참기름 1큰술

이렇게 만들어요

1 무를 깨끗하게 씻어서 약간 굵직하게 채 썬다.

2 냄비에 채 썬 무를 담고 소금과 물을 넣는다.

3 냄비 뚜껑을 덮고 무를 부드럽게 익힌다.

4 다진 파, 마늘, 생강즙, 참기름, 깨소금을 넣고 살살 버무려 그릇에 담는다.

Cooking Tip

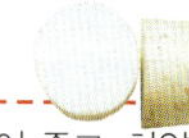

싱싱한 무는 모양이 좋고, 하얀 색을 띠며, 무청이 달려 있으면 더욱 신선한 무라고 볼 수 있다. 진흙에서 자란 무는 달콤한 맛이 더 많아서 좋다. 재래종인 조선무와 단무지를 담그는 왜무는 구분된다. 재래종은 밑이 둥글게 퍼지고 단단한데, 왜무는 가늘고 굵기가 고르다. 나오는 계절에 따라서 무의 질이 조금씩 달라지는데, 봄무나 여름무는 가늘고 연한 반면 가을무는 굵고 수분이 많으며 달다.

청경채버섯볶음 _ 4인분

재료와 분량

청경채 4줄기
생표고버섯 4개
죽순 1/2개
양송이 4개
슬라이스 햄 2장
소금 · 후춧가루 약간씩
샐러드유 약간
맛술 1/2큰술
간장 2작은술

이렇게 만들어요

1 죽순은 끓는 물에 데쳐서 찬물에 헹궈 물기를 뺀 다음 모양을 살려서 얄팍하게 썬다.

2 청경채는 끓는 물에 소금을 넣고 뿌리부터 넣어서 데친 다음 찬물에 헹궈 물기를 뺀 후 3㎝ 길이로 썬다.

3 표고버섯은 기둥을 떼어내어 얄팍하게 썰고, 양송이는 껍질을 벗겨 얄팍하게 썬다.

4 햄은 2㎝ 폭으로 썬다.

5 프라이팬에 기름을 두른 다음 죽순을 넣어 볶다가 버섯을 넣고 볶는다.

6 ⑤에 햄과 청경채를 넣어서 다시 잘 볶다가 맛술과 간장을 넣어 간한다.

7 간이 부족하면 소금과 후춧가루를 넣어 마무리한다.

Cooking Tip

깨끗이 씻어 한 줄기씩 떼어 준비한 청경채는 끓는 물에 소금과 식용유 1/2큰술을 넣어 살짝 데쳐 건져낸다.

파래무침 _ 4인분

재료와 분량
물파래 80g, 무 50g, 실파 2대, 실고추 약간
참기름 1작은술, 다진 마늘 1작은술
초 1/2큰술, 소금 약간

이렇게 만들어요

1 파래를 깨끗이 헹군 다음 물기가 빠지도록 체에 밭친다.

2 무를 채 썰어 소금에 살짝 절여둔다.

3 절인 무의 물기를 꼭 짠다.

4 실파를 송송 썬다.

5 우묵한 볼에 파래와 무를 넣고 송송 썬 실파, 참기름, 다진 마늘, 식초, 소금을 넣고 버무려준다.

6 그릇에 담고 실고추를 얹는다.

김무침 _ 4인분

재료와 분량
김 5장, 실파 2대, 참기름 1큰술
양념장 | 간장 1½큰술, 설탕 1작은술, 물엿 1/2큰술
다진 마늘 1작은술, 고춧가루 1/2작은술, 깨소금 1큰술

이렇게 만들어요

1 실파를 흙이 없도록 깨끗이 다듬는다.

2 ①의 실파는 끓는 물에 소금을 약간 넣어 데친다.

3 ②를 찬물에 넣어 헹군 다음 3cm 길이로 자른다.

4 김을 살짝 구워서 적당히 뜯는다.

5 뜯어놓은 김을 참기름에 가볍게 버무린다.

6 양념장을 만들어 ③과 ⑤를 넣고 함께 버무린다.

7 그릇에 담아 낸다.

도라지생채
_ 4인분

재료와 분량
도라지 200g
소금 약간
실파 송송 썬 것 1큰술

생채 양념장
고운 고춧가루 1큰술
고추장 1작은술
꿀 1작은술
물엿 1작은술
식초 1큰술
다진 마늘 1작은술
소금·후춧가루 약간씩

이렇게 만들어요

1 도라지는 소금을 넣어 바락바락 주물러 잠시 물에 담가 쓴맛을 우려내고 물에 깨끗이 헹궈 물기를 꼭 짠다.

2 실파는 되도록 곱게 송송 썬다.

3 고운 고춧가루에 고추장과 꿀, 물엿을 넣어 색이 우러나도록 곱게 개어 식초와 마늘, 소금, 후춧가루를 넣어서 간을 맞춘다.

4 볼에 도라지와 ③의 양념장을 넣고 살살 버무려 그릇에 담아 실파 송송 썬 것을 뿌려 낸다.

Cooking Tip
도라지는 소금에 바락바락 주물러 물에 잠시 담가 쓴맛을 뺀 후 양념에 무쳐야 쓴맛이 줄어들고 부드럽다.

1 도라지는 소금을 넣어 바락바락 주물러 물에 담가 쓴맛을 뺀다. 2 고춧가루에 준비한 재료를 넣어 생채 양념장을 만든다.

숙주나물숙채 _ 4인분

재료와 분량
숙주 300g, 미나리 50g, 실고추 약간
양념 | 다진 마늘 1작은술, 다진 파 2작은술
참기름 1/2큰술, 깨소금 1/2큰술, 소금 약간

이렇게 만들어요

1 숙주는 머리와 꼬리를 떼어내 다듬고 씻는다.

2 냄비에 물을 붓고 뚜껑을 덮어 ①을 삶은 다음
익으면 체에 밭쳐 놓는다.

3 미나리의 잎은 떼어내고 씻어서 끓는 물에 소
금을 넣고 데친다.

4 찬물에 헹구고 난 후 물기를 짜서 3cm 길이
로 자른다.

5 ②와 ④를 섞고 갖은 양념을 하여 골고루 무친다.

6 그릇에 담고 실고추를 얹는다.

오이무침 _ 4인분

재료와 분량
오이 2개, 소금 · 실고추 약간씩
양념 | 다진 파 1큰술, 다진 마늘 1/2큰술
설탕 2작은술, 식초 1큰술, 고춧가루 1작은술
깨소금 1작은술, 참기름 1작은술

이렇게 만들어요

1 오이는 소금으로 문질러 씻어 동글게 썬다.

2 썬 오이를 소금에 살짝 절인다. 절여지면 물기
를 꼭 짠다.

3 분량의 재료를 섞어서 양념을 만든다.

4 ②의 오이와 ③의 양념을 골고루 무친다.

5 그릇에 담고 실고추를 얹는다.

콩나물간장조림 _ 4인분

재료와 분량

콩나물 200g
조림간장 1/4컵
물 1½컵
저민 마늘 4쪽
물엿 4큰술

이렇게 만들어요

1 콩나물은 머리와 꼬리를 떼어내고 줄기를 준비하여 깨끗하게 씻어 준비한다.

2 냄비에 조림간장과 물을 넣고 저민 마늘을 함께 넣은 뒤 콩나물을 약한 불에서 조린다.

3 ②가 어느 정도 자작하게 조려지면 물엿을 넣어 조금 더 조려서 낸다.

숙주나물피망볶음 _ 4인분

재료와 분량

피망 2개
숙주 100g
샐러드유 1큰술
참기름 1/2큰술
소금 · 후춧가루 ·
통깨 약간씩

이렇게 만들어요

1 피망은 꼭지를 떼어내고 씨를 털어낸 뒤 흐르는 물에 씻어 길이대로 채 썬다.

2 숙주는 꼬리를 떼어낸 뒤 약간의 소금을 넣은 끓는 물에 데쳐서 건져 물기를 뺀다.

3 프라이팬에 기름을 두른 뒤 채 썬 피망을 넣고 파랗게 볶는다.

4 ③의 팬에서 피망을 꺼낸 뒤 숙주를 넣어 볶는다. 숙주를 어느 정도 볶았으면 건져놓은 피망을 다시 넣고 볶다가 소금과 후춧가루를 넣어 간한다. 마지막에 참기름과 통깨를 넣고 살짝 볶은 다음 불에서 내린다.

콩나물숙채 _ 4인분

재료와 분량
콩나물 200g(소금), 다진 파 2작은술
다진 마늘 1작은술, 소금 1작은술, 참기름 1큰술
깨소금 1큰술, 실고추 · 통깨 약간씩

이렇게 만들어요

1 콩나물은 줄기가 희고 통통하면서 잔뿌리가 없는 것이 좋다.

2 콩나물의 콩 껍질을 없애고 뿌리 부분을 자른다.

3 냄비에 콩나물을 넣고 물 5큰술과 소금 약간을 넣어 삶는다. 삶을 때는 뚜껑을 덮어 10분 정도 끓인다.

4 데친 콩나물의 물기를 빼낸다.

5 콩나물이 뜨거울 때 먼저 참기름을 넣고 버무린다.

6 참기름으로 버무린 콩나물에 다진 파, 마늘, 소금, 깨소금을 넣어 양념한다.

7 양념한 콩나물을 그릇에 담고 실고추와 통깨를 뿌려 낸다.

시금치나물숙채 _ 4인분

재료와 분량
시금치 200g(소금), 실고추 · 통깨 약간씩

양념
다진 파 2큰술, 다진 마늘 1큰술
소금 1작은술, 간장 1/2큰술, 깨소금 1큰술
참기름 1큰술,

이렇게 만들어요

1 시금치의 뿌리는 잘라내고 줄기와 잎은 깨끗이 씻는다.

2 끓는 물에 소금을 약간 넣고 줄기부터 넣어 데친 후 바로 찬물에 헹군다.

3 헹군 시금치는 꼭 짜서 물기를 없앤 다음 4cm 길이로 썬다.

4 ③에 분량의 양념을 하여 가볍게 버무린다.

5 접시에 담고 통깨와 실고추를 얹는다.

오이지무침 _ 4인분

재료와 분량
오이지 5개
양념장 | 다진 파 1큰술, 다진 마늘 1/2큰술
고춧가루 1큰술, 설탕 1작은술, 깨소금 1/2큰술
참기름 1/2큰술, 실파 3대

이렇게 만들어요

1 오이지는 물에 2~3번 헹군 후 먹기 좋게 썰어 냉수에 담가둔다.

2 담가둔 오이지는 면 헝겊에 꼭 짜서 물기를 제거한다.

3 실파는 송송 썰어서 준비한다.

4 분량의 재료를 섞어 양념장을 만든다.

5 수분을 뺀 오이지에 ④를 넣고 함께 무친다.

6 마지막으로 실파를 넣고 살짝 무친 후 그릇에 담는다.

단무지무침 _ 4인분

재료와 분량
단무지 200g
양념장 | 실파 3대, 다진 마늘 1/2큰술
고춧가루 1큰술, 설탕 2작은술, 식초 1큰술
깨소금 1/2큰술, 참기름 1/2큰술

이렇게 만들어요

1 단무지는 물에 담가둔 후 채 썬다.

2 실파는 송송 썰어놓는다.

3 분량의 재료에 실파를 섞어 양념장을 만든다.

4 ①의 단무지는 수분을 제거한 후 ③의 양념장을 넣어 버무린다.

나물이야기 | **2** 손질

채소, 꼼꼼하게 손질하기!

감자

키친타월을 이용해 감자의 표면에 붙어 있는 마른 흙이나 불순물을 털어낸다. 물에 담가 스펀지 수세미로 껍질을 살살 문질러 씻은 뒤 물기를 가볍게 털어내고 칼이나 필러를 이용해 껍질을 얇게 벗긴다. 싹이 있는 것은 칼로 말끔하게 도려내고 물에 담가 녹말기를 뺀다.

호박

호박 표면에 있는 불순물을 떼어낸 뒤 꼭지 부분을 잘라낸다. 흐르는 물에 씻어 세로로 반을 잘라 씨를 파낸다. 씨가 작고 여리면 그대로 사용하고, 씨가 크고 두껍다면 티스푼을 이용해 파낸 뒤 조리방법에 맞게 썬다.

당근

줄기가 달려 있던 부분을 깨끗이 자른다.

껍질은 그대로 사용하거나 필러를 이용해 얇게 벗긴다. 흐르는 물에 대고 수세미로 껍질을 문질러 흙과 불순물을 제거한 다음 사용한다.

무

흐르는 물에서 수세미로 흙과 불순물을 살살 문질러 닦는다. 무청 부분을 칼로 깨끗이 잘라내고 사용할 크기만큼 잘라 껍질을 벗긴다.

브로콜리

줄기가 갈라지는 부분을 잘라내어 작은 송이로 나눈다. 줄기를 만져보면 연한 부분이 있는데, 이곳을 제외한 억센 부분을 모두 잘라낸다. 소금물에 흔들어 씻어 신선한 빛을 살리면서 불순물도 없앤다.

콜리플라워

송이가 시작되는 아랫부분을 칼로 자른 뒤 손으로 작게 조각을 나눈다. 끓는 물에 소금과 식초를 약간씩 넣고 살짝 데쳐야 콜리플라워 특유의 떫은맛이 없어진다. 좀더 하얗게 익히고 싶다면 밀가루를 넣어준다.

피망

겉이 매끄럽기 때문에 물에 살짝 씻어주면 불순물이 깨끗이 없어진다. 피망 특유의 모양이 필요하지 않을 때는 세로로 갈라 꼭지 부분에 몰려 있는 씨를 없앤다. 하얀 속심까지 말끔히 없애거나 둥근 모양으로 살려 자른 뒤 손으로 남은 씨를 털어낸다.

가지

가지의 기본 손질은 빛깔을 살려주는 데 있다. 물에 씻기 전 소금으로 문질러주면 색이 한결 선명해진다. 갓 부분에 둥글게 칼집을 넣어 떼어내고 먹기 좋은 모양으로 자른다. 자른 가지를 혀에 대면 톡 쏘는 맛이 느껴지는데, 이 성분 때문에 가지를 잘라두게 되면 까맣게 변하므로 소금 푼 물에 담가 접시를 이용해 가지가 뜨지

않도록 눌러준다.

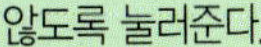

고추

고추는 망에 넣고 망을 잘 비비면서 닦아주면 불순물이 말끔히 닦인다. 꼭지를 손으로 떼어내고 채로 쓸 경우 고추를 반으로 가른 다음 속심과 씨가 있는 부분을 칼로 제거한다. 동그란 모양으로 사용할 때는 고추의 모양대로 동그랗게 송송 썰어 물에 담가 씨를 빼낸 뒤 요리한다.

양상추

뿌리 쪽에 칼집을 넣어 잎을 한 장씩 떼어낸다. 흐르는 물에 한 장씩 씻어준 뒤 툭툭 털어 물기를 없앤다. 칼로 자르면 잘린 면이 갈색으로 변하기 때문에 손으로 뜯어 얼음물에 담갔다 사용하면 아삭한 맛을 더해 준다.

부추

시든 잎을 손으로 골라 떼어낸 뒤 밑동의 끝을 칼로 살짝 잘라낸다. 비벼 씻으면 잎이 뭉개지므로 손으로 조금씩 단을 지어 흐르는 물에서 살살 흔들어 씻는다. 뿌리 쪽의 하얀 껍질은 물에 담근 채 손으로 살살 비벼 씻으면 깨끗이 떨어진다.

풋고추달래된장찌개 _ 4인분

재료와 분량

풋고추 3개
붉은 고추 2개
달래 100g
두부 1/4모
애호박 1/4개
양파 1/4개
대파 1대
다시마 우린 물 3컵
다진 마늘 1작은술
고춧가루 1작은술
된장 4큰술
멸칫가루 1큰술

이렇게 만들어요

1 고추는 매운맛이 나는 것으로 준비해서 송송 썰어 씨를 털어낸다.

2 달래는 알뿌리의 겉껍질을 벗기고 칼로 눌러 으깬 뒤에 4cm 길이로 썬다.

3 대파와 양파는 굵게 다지고 애호박은 도톰하게 사방 2cm 크기로 썬다.

4 두부는 사방 3cm 크기로 썬다.

5 뚝배기에 양파와 대파, 멸칫가루, 고춧가루, 된장을 넣고 다시마 우린 물로 버무려 끓인다.

6 ⑤의 국물이 끓어오르면 고추와 애호박을 넣고 한소끔 끓인다. 달래와 두부를 넣어서 향이 살아나도록 끓인 후 마늘로 맛을 낸다.

Cooking Tip

요리마다 빼놓을 수 없는 파는 사용할 때마다 일일이 손질하기보다 한꺼번에 손질하고 씻어서 밀폐용기에 담아 냉동보관하면 시간을 절약할 수 있다. 컵에 물과 술 몇 방울을 섞은 다음 파뿌리를 담가 놓아두면 쑥쑥 자라므로 키워서 먹을 수 있어 좋다.

열무된장무침 _ 4인분

재료와 분량
열무 300g(소금 약간)
붉은 고추 1/2개

무침 양념
된장 2큰술
다진 마늘 · 깨소금 · 다진 파 ·
들기름 · 참기름 1/2큰술씩
고춧가루 · 설탕 1작은술씩

이렇게 만들어요

1 열무는 뿌리를 잘라내고 깨끗하게 손질한 다음 끓는 물에 소금을 약간 넣고 4~5분 정도 파랗게 데친다. 찬물에 헹궈 물기를 뺀 후 먹기 좋게 썰어 준비한다.

2 붉은 고추는 씨를 턴 후 채 썬다.

3 볼에 된장, 고춧가루, 다진 마늘, 다진 파, 깨소금, 들기름, 참기름, 설탕을 분량대로 넣어 양념을 만든다.

4 볼에 물기를 뺀 열무를 넣고 양념을 넣어 고루 잘 무쳐 그릇에 담는다.

5 채 썬 붉은 고추를 고명으로 얹는다.

녹차드레싱 그린샐러드
_ 4인분

재료와 분량

양상추 50g
치커리 5줄기
겨자잎 5장
케일 5장
무순 10g
영콘 10개
오이 1/2개
당근 1/3개
각종 야채 약간씩

녹차 드레싱

가루녹차 2작은술
소금 1/2작은술
후춧가루 · 식초 4큰술씩
올리브유 6큰술

이렇게 만들어요

1 채소는 손으로 뜯어 찬물에 담갔다가 건져서 물기를 뺀다.

2 오이와 당근은 반으로 자른 다음 어슷하게 썰어 찬물에 담가두었다가 건져서 물기를 뺀다.

3 영콘은 캔에서 건져 물기를 뺀 후 길게 반으로 잘라둔다.

4 볼에 가루녹차와 식초를 먼저 넣고 잘 섞은 후 소금, 후춧가루, 올리브유를 넣고 저어 녹차 드레싱을 만든다.

5 볼에 채소를 담고 녹차 드레싱을 얹어낸다.

달래나물무침 _4인분

재료와 분량
달래 100g
청포묵 100g
실고추 · 통깨 약간씩

양념장
간장 1/2큰술
고춧가루 1작은술
다진 마늘 1작은술
실파 3줄기
설탕 1작은술
깨소금 1작은술
참기름 1작은술
식초 1작은술
소금 약간

이렇게 만들어요

1 달래는 다듬어 3cm 길이로 썬다.

2 청포묵은 사방 3cm 크기로 도톰하게 썬다.

3 실파는 송송 썰어 분량의 양념장 재료와 섞는다.

4 달래와 청포묵을 섞어 양념장에 버무린다. 접시에 담고 실고추와 통깨를 뿌린다.

Cooking Tip

배추 겉절이나 실파 무침처럼 특별한 요리라기보다 늘상 먹는 식탁 메뉴인 경우에는 움푹한 그릇에 소복이 담아, 만든 이의 정성과 넉넉한 마음을 표현하는 것이 좋다. 숙채의 경우, 음식을 담기 전에 깻잎이나 상추 등 싱싱한 푸른 잎을 한 장 깔고 무침을 담아 내면 한결 정갈하고 맛깔스런 느낌을 연출할 수 있다. 파 강회나 초회 등 손님상에 내어놓는 무침 요리는 양념장을 따로 곁들여 내거나 완성된 요리 위에 살짝 뿌려 음식 모양이 망가지지 않도록 하는 센스가 필요하다.

시래기나물볶음 _ 4인분

재료와 분량

시래기 나물(불린 것) 2컵
식용유 3큰술

양념

집간장 2큰술
다진 파 1큰술
다진 마늘 1/2큰술
설탕 1작은술
깨소금 1큰술
참기름 1큰술

이렇게 만들어요

1 시래기는 미지근한 물에 불린다.

2 불린 시래기는 끓는 물에 데친다.

3 찬물에 헹구어 3~4시간 동안 부드러워지게 담가두었다가 물기를 뺀다.

4 ③을 4~5cm 길이로 자른다.

5 ④에 갖은 양념을 한다.

6 팬에 식용유를 3큰술 정도 넉넉히 두르고 열을 가한다.

7 ⑤를 넣어 부드럽게 볶아낸다.

나물, 맛있게 요리하기!

나물, 맛있게 무치기

무침에서 국물이 나오면 실패!

나물 무침은 양념이 무침에 잘 배어 있을 때 제맛이 난다. 물기가 너무 많아서 질척거리거나 물기가 없어 퍽퍽해지면 맛이 떨어진다. 특히 데쳐서 무치는 나물은 더욱 물기가 많아지므로 주의해야 한다.

숙채와 생채는 넣는 양념이 다르다

채소를 익혀서 무친 숙채의 경우에는 간장과 파, 마늘, 깨소금, 참기름을 사용하여 맛을 내는 것이 기본이다. 식초는 넣지 않는다. 하지만 생채의 경우에는 식초와 소금, 설탕, 특히 겨자 등을 사용하면 싱싱하고 산뜻한 생채의 맛을 살릴 수 있다.

양념 넣는 순서에 따라 맛이 달라진다

손으로 직접 버무려 만드는 무침은 손끝에서 묻어나는 양념에 따라 맛이 좌우된다. 그 중에서도 가장 중요한 것은 양념을 넣는 순서. 무침에 주로 들어가는 양념은 기본 맛이 연한 것부터 넣고, 향과 맛이 강한 참기름이나 후춧가루는 맨 나중에 넣어야 다른 양념의 독특한 맛을 해치지 않으며 조화를 이룰 수 있다. 다른 양념을 넣는 순서는 설탕, 소금, 식초, 간장, 된장, 고추장 순이다.

데친 채소는 찬물에 얼른 헹군다

무침 요리에 사용할 채소는 데친 후 즉시 찬물에 헹궈야 한다. 채소는 열에 약하기 때문에 차가운 물에 금세 넣지 않으면 남은 열이 채소로 흡수되어 변색되기 때문이다. 하지만 너무 오랜 시간 헹구면 채소가 지닌 풍미를 잃어버리므로 주의해야 한다. 부추나 쑥갓처럼 향이 강한 잎채소는 물에 헹구면 채소의 독특한 향미가 없어지므로 끓는 물에 데친 다음 겹치지 않도록 펼쳐서 식혀야 한다.

재료들은 비슷한 크기와 모양으로 준비한다

무침은 다양한 재료가 어우러져 맛을 내는 음식이다. 이렇게 서로 다른 재료를 넣어 만든 무침 요리는 비슷한 크기와 모양으로 재료를 썰어야 정갈해 보인다. 특히 재료가 전부 채소이거나 해물일 때보다는 서로 다른 종류의 재료를 모아서 만든 무침일 때 더욱 그렇다. 주된 재료가 길쭉할 경우에는 함께 어우러지는 채소나 다른 부재료도 같은 크기와 모양으로 준비한다.

맛있게 조리기

조릴 때 감자나 당근 모서리는 둥글게 깎는다

무, 감자, 당근처럼 딱딱하고 더디 익는 채소를 조릴 때는 모서리를 둥글게 다듬어주는 것이 좋다. 양념이 배어드는 면이 넓어 간이 잘 배고 익는 시간도 줄일 수 있다. 또 채소를 각지게 잘라 요리할 경우 재료들이 익는 동안 냄비 속에서 서로 부딪혀 으스러지는 것을 막아 음식을 깔끔하게 완성할 수 있다.

아삭한 연근조림, 우엉조림 만들기

우엉이나 연근의 아삭거리는 맛의 비밀은 조리 전 한 번 데쳐주는 것과 불의 세기 조절에 있다. 미리 데쳐주면 간이 고루 배어 맛이 부드럽다. 센 불에서 조리면 간이 겉돌고 재료가 오그라들 염려가 있으므로 중간 불에서 익힌 후 약한 불로 은근히 조린다. 물엿을 넣으면 색이 고와지고 윤기가 돌지만, 너무 많이 넣으면 딱딱해지고 부서지기 쉬우므로 적당한 양을 사용해야 한다.

뚜껑을 꼭 덮고 조리한다

조림 요리의 포인트는 조림 국물의 맛과 간이 재료에 스며들어야 하는 것이다. 오랜 시간 조려야 하므로 조리는 동안 수분이 날아가고 공기와 접촉되는 표면이 마르기 쉽다. 또한 부드러운 재료의 경우에는 부서질 수 있다. 이러한 조림 요리의 문제점을 극복하기 위해서는 반드시 뚜껑을 덮고 조리하는 것이 좋다.

맛있게 볶기

조리 시간이 맛을 좌우한다

볶음 요리를 할 때는 처음부터 끝까지 불의 세기를 강하게 유지해야 한다. 중간 불이나 약한 불에서 조리하면 채소에서 물이 나와 제맛을 잃어버린다. 센 불에서 빠른 시간 안에 조리하는 것이 볶음 요리의 기본. 재료를 다듬거나 썰고, 밑간을 해서 완벽하게 준비해 놓고 프라이팬도 미리 달구어두는 것이 좋다. 요리 중간에 들어가는 조미료나 양념들도 미리 옆에 준비해 둔다. 팬에서 살짝 연기가 날 정도로 달군 후 식용유를 두르고 센 불에서 단시간에 볶아내야 맛있는 볶음 요리를 만들 수 있다.

볶을 때 자꾸 물이 생기면?

수분이 많은 채소는 볶음 요리를 할 때 물이 나와 음식의 맛을 잃게 되는 경우가 종종 있다. 이때 물 녹말이나 달걀을 이용하면 색다른 맛의 새로운 요리를 만들어 낼 수 있다. 프라이팬에 식용유를 두르고 소금, 후춧가루로 간을 한 달걀이나 녹말물을 푼다. 거기에 물이 나온 채소 볶음을 넣으면 전혀 새로운 요리가 만들어진다.

조미료와 참기름은 나중에

조미료는 재료가 어느 정도 익었을 때, 볶음 요리의 약 80% 정도가 진행되었을 때 넣는 것이 가장 좋으며, 넣는 순서는 설탕, 맛술, 소금, 식초, 간장 순이다. 참기름은 높은 온도에서 재료를 볶고 있을 때 넣으면 특유의 향이 없어지기 때문에 모든 과정을 마치고 불을 끄기 직전에 몇 방울 떨어뜨려야 특유의 고소한 맛과 향이 살아난다.

녹차나물비빔밥 _ 4인분

재료와 분량

밥 4공기
숙주나물 200g
애느타리버섯 200g
청포묵 100g
잎녹차 5큰술
소금 · 참기름 · 깨소금 ·
잣가루 약간씩

양념장

간장 3큰술
설탕 1작은술
참기름 1큰술
깨소금 1/2큰술
다진 마늘 1/2큰술
다진 파 1/2큰술

이렇게 만들어요

1 팔팔 끓는 물에 잎녹차 5큰술을 넣고 약 30분간 우려내어 고운 체에 밭친다.

2 ①을 찬물에 1~2시간 담가두었다가 체에 밭쳐 물기를 뺀다.

3 ②에 소금과 참기름, 깨소금, 잣가루를 넣고 살짝 버무린다.

4 애느타리버섯은 가늘게 찢은 다음 끓는 물에 살짝 데쳐 물기를 뺀 후 소금, 참기름, 깨소금을 넣고 무친다.

5 숙주나물은 깨끗하게 손질해 삶아 건져서 물기를 뺀 후 소금, 참기름, 깨소금을 넣고 무친다.

6 청포묵은 적당한 굵기로 채 썬다.

7 그릇에 밥을 담고 잎녹차, 숙주나물, 청포묵, 버섯을 골고루 올린 후 양념장을 곁들여서 낸다.

시래기들깨매운국 _ 4인분

재료와 분량

시래기 200g
들깨가루 3큰술
청양고추 1개
붉은 고추 1개
된장 3큰술
고운 고춧가루 1큰술
대파 1대
다진 마늘 1큰술
물 6컵
소금 약간

이렇게 만들어요

1 시래기는 찬물에 충분히 담가 부드럽게 한 뒤 끓는 물에 오랜 동안 삶아서 질기지 않게 한다. 찬물에 여러 번 씻어 물기를 꼭 짜낸 뒤 3cm 길이로 썬다.

2 들깨는 팬에 볶아 고소한 상태로 만들어 분쇄기에 곱게 갈아 가루로 만든다.

3 청양고추와 붉은 고추는 곱게 다지고 대파는 굵게 채 썬다.

4 ①에 된장, 들깨가루, 고운 고춧가루와 다진 마늘을 넣어 조물조물 무친다.

5 냄비에 ④의 밑간된 시래기를 넣고 달달 볶다가 물을 부어서 끓인다.

6 맛이 충분하게 우러난 시래기에 청양고추와 다진 붉은 고추를 넣고 한소끔 더 끓인 뒤 대파 채를 넣고 소금으로 간한다.

1 시래기는 찬물에 충분히 담가 부드럽게 한 뒤 끓는 물에 오랜 동안 삶아서 질기지 않게 한다. **2** 냄비에 밑간을 해놓은 시래기를 담고 달달 볶다가 물을 부어 맛이 충분히 우러나도록 끓인다.